Impressum
Verlag: BABADADA GmbH, Nedderfeld 112 , 22529 Hamburg
Geschäftsführer / Verlagsleitung: Harald Hof
Druck: Books on Demand GmbH, In de Tarpen 42, 22848 Norderstedt

Imprint
Publisher: BABADADA GmbH, Nedderfeld 112 , 22529 Hamburg, Germany
Managing Director / Publishing direction: Harald Hof
Print: Books on Demand GmbH, In de Tarpen 42, 22848 Norderstedt, Germany

除
Deljenje

186/2

黑板
Tabla

教室
Razred

校园
Šolsko dvorišče

老师
Učitelj

纸
Papir

钢笔
Pisalo

办公桌
Pisalna miza

书写
Pisati

直尺
Ravnilo

书
Knjiga

学生
Učenec

书包
Šolska torba

铅笔盒
Peresnica

铅笔
Svinčnik

卷笔刀
Šilček

橡皮擦
Radirka

画板
Risalni blok

图画

Risba

画笔

Čopič

颜料盒

Vodene barvice

剪刀

Škarje

胶水

Lepilo

练习册

Zvezek

家庭作业

Domača naloga

12

数字

Število

2+2

加

Seštevanje

5-2

减

Odštevanje

2×2

乘

Množenje

计算

Računanje

A

字母

Črka

ABCDEFG HIJKLMN OPQRSTU VWXYZ

字母表

Abeceda

字

Beseda

课文

Besedilo

读

Brati

粉笔

Kreda

上课

Učna ura

登记

Redovalnica

考试

Preizkus znanja

证书

Spričevalo

校服

Šolska uniforma

教育

Izobrazba

百科全书

Enciklopedija

大学

Univerza

显微镜

Mikroskop

地图

Zemljevid

废纸筐

Koš za smeti

酒店
Hotel

Grand

青年旅社
Hostel

外币兑换处
Menjalnica

手提箱
Kovček

汽车
Avtomobil

语言
Jezik

是/否
da / ne

好的
Prav

您好
Pozdravljeni

翻译员
Prevajalec

谢谢
Hvala

……多少钱？

Koliko stane…?

我不明白

Ne razumem

问题

Težava

晚上好！

Dober večer!

早上好！

Dobro jutro!

晚安！

Lahko noč!

再见

Nasvidenje

方向

Smer

行李

Prtljaga

包

Torba

双肩包

Nahrbtnik

客人

Gost

房间

Soba

睡袋

Spalna vreča

帐篷

Šotor

旅游信息

Turistične informacije

海滩

Plaža

信用卡

Kreditna kartica

早餐

Zajtrk

午餐

Kosilo

晚餐

Večerja

票

Vozovnica

电梯

Dvigalo

邮票

Znamka

边界

Meja

海关

Carina

大使馆

Veleposlaništvo

签证

Vizum

护照

Potni list

飞机
Letalo

船
Ladja

消防车
Gasilsko vozilo

卡车
Tovornjak

公交车
Avtobus

汽艇
Motorni čoln

自行车
Kolo

汽车
Avtomobil

摆渡船
Trajekt

小船
Čoln

摩托车
Motorno kolo

警车
Policijski avto

赛车
Dirkalni avto

租车
Najeto vozilo

拼车

Souporaba avtomobila

拖车

Avtovleka

垃圾车

Smetarsko vozilo

发动机

Motor

汽油

Gorivo

加油站

Bencinska postaja

交通标志

Prometni znak

交通

Promet

交通堵塞

Zastoj

停车场

Parkirišče

火车站

Železniška postaja

轨道

Tirnice

火车

Vlak

电车

Tramvaj

货车

Vagon

直升机
Helikopter

机场
Letališče

塔
Stolp

乘客
Potnik

集装箱
Kontejner

纸板箱
Karton

手推车
Voziček

篮子
Košara

起飞/降落
vzleteti / pristati

城市
Mesto

村庄
Vas

市中心
Mestno jedro

房子
Hiša

电影院
Kino

广告
Reklama

路灯
Ulična svetilka

街道
Ulica

出租车
Taksi

小吃店
Kiosk

行人
Pešec

人行道
Pločnik

斑马线
Prehod za pešce

十字路口
Križišče

红绿灯
Semafor

垃圾箱
Smetnjak

小屋
Koča

公寓
Stanovanje

火车站
Železniška postaja

市政厅
Mestna hiša

博物馆
Muzej

学校
Šola

大学

Univerza

银行

Banka

医院

Bolnišnica

酒店

Hotel

药房

Lekarna

办公室

Pisarna

书店

Knjigarna

商店

Trgovina

花店

Cvetličarna

超市

Supermarket

市场

Tržnica

百货商店

Veleblagovnica

鱼店

Ribarnica

购物中心

Nakupovalno središče

海港

Pristanišče

公园
Park

长凳
Klop

桥
Most

楼梯
Stopnice

地铁
Podzemna železnica

隧道
Predor

公交车站
Avtobusno postajališče

酒吧
Bar

餐馆
Restavracija

邮筒
Poštni nabiralnik

路标
Ulična tabla

停车计时器
Parkirna ura

动物园
Živalski vrt

游泳馆
Kopališče

清真寺
Mošeja

农场
Kmetija

污染
Onesnaževanje

墓地
Pokopališče

教堂
Cerkev

操场
Otroško igrišče

寺庙
Tempelj

地形
Pokrajina

树叶
List

指示牌
Kažipot

路
Pot

草地
Travnik

石头
Kamen

树
Drevo

徒步旅行者
Pohodnik

河
Reka

草
Trava

花
Cvetlica

峡谷

Dolina

山

Hrib

湖

Jezero

森林

Gozd

沙漠

Puščava

火山

Vulkan

城堡

Grad

彩虹

Mavrica

蘑菇

Goba

棕榈树

Palma

蚊子

Komar

苍蝇

Muha

蚂蚁

Mravlja

蜜蜂

Čebela

蜘蛛

Pajek

甲虫

Hrošč

青蛙

Žaba

松鼠

Veverica

刺猬

Jež

野兔

Zajec

猫头鹰

Sova

鸟

Ptič

天鹅

Labod

野猪

Divji prašič

鹿

Jelen

麋鹿

Los

水坝

Jez

风力发电机

Vetrnica

太阳能电池板

Solarna plošča

气候

Podnebje

服务员
Natakar

菜单
Jedilnik

椅子
Stol

汤
Juha

披萨饼
Pica

餐具
Pribor

桌布
Prt

前菜

Predjed

主菜

Glavna jed

甜点

Sladica

饮料

Pijače

食物

Hrana

瓶子

Steklenica

快餐
Hitra hrana

街边小吃
Ulična hrana

茶壶
Čajnik

糖盒
Sladkornica

一份饭菜
Porcija

意式咖啡机
Aparat za espresso

高脚椅
Stolček za hranjenje

账单
Račun

托盘
Pladenj

刀
Nož

餐叉
Vilica

勺子
Žlica

茶匙
Čajna žlička

餐巾
Servieta

玻璃杯
Kozarec

碟子
Krožnik

汤盘
Globoki krožnik

碟子
Krožniček

酱
Omaka

盐瓶
Solnica

胡椒磨
Mlinček za poper

醋
Kis

食用油
Olje

调味料
Začimbe

番茄酱
Kečap

芥末
Gorčica

蛋黄酱
Majoneza

超市
Supermarket

特价
Posebna ponudba

顾客
Stranka

乳制品
Mlečni izdelki

购物车
Nakupovalni voziček

水果
Sadje

肉铺

Mesnica

面包房

Pekarna

称重

Tehtati

蔬菜

Zelenjava

肉

Meso

冷冻食品

Zamrznjena hrana

冷盘

Hladne mesnine

罐头食品

Konzerve

洗衣粉

Pralni prašek

甜食

Sladkarije

日用品

Gospodinjski izdelki

清洁用品

Čistilno sredstvo

销售员

Prodajalka

收银机

Blagajna

收银员

Blagajnik

购物清单

Nakupovalni seznam

开放时间

Delovni čas

钱包

Denarnica

信用卡

Kreditna kartica

袋子

Torba

塑料袋

Plastična vrečka

水

Voda

果汁

Sok

牛奶

Mleko

可乐

Kola

红酒

Vino

啤酒

Pivo

酒

Alkohol

可可

Kakav

茶

Čaj

咖啡

Kava

意式浓缩咖啡

Espresso

卡布奇诺

Kapučino

香蕉

Banana

苹果

Jabolko

橙子

Pomaranča

西瓜

Lubenica

柠檬

Limona

胡萝卜

Korenje

大蒜

Česen

竹子

Bambus

洋葱

Čebula

蘑菇

Goba

坚果

Oreščki

面条

Rezanci

意大利面条

Špageti

米饭

Riž

沙拉

Solata

薯条

Ocvrt krompirček

炸土豆

Pečen krompir

披萨饼

Pica

汉堡包

Hamburger

三明治

Sendvič

炸猪排

Zrezek

火腿

Šunka

萨拉米

Salama

香肠

Klobasa

鸡肉

Piščanec

烤肉

Pečenka

鱼

Riba

燕麦片

Ovseni kosmiči

穆兹利

Musli

玉米片

Koruzni kosmiči

面粉

Moka

羊角面包

Rogljiček

面包卷

Žemlja

面包

Kruh

烤面包

Prepečenec

饼干

Piškoti

黄油

Maslo

凝乳

Skuta

蛋糕

Torta

蛋

Jajce

煎蛋

Pečeno jajce na oko

奶酪

Sir

冰激凌

Sladoled

糖

Sladkor

蜂蜜

Med

果酱

Marmelada

巧克力酱

Čokoladni namaz

咖喱饭

Kari

农舍
Kmečka hiša

粮仓
Skedenj

稻草捆
▶ Bala slame

田野
Polje

马
Konj

拖车
Prikolica

拖拉机
Traktor

马驹
Žrebe

驴
Osel

羔羊
Jagnje

羊
Ovca

山羊

Koza

奶牛

Krava

牛犊

Tele

猪

Prašič

小猪

Pujsek

公牛

Bik

鹅

Gos

鸭

Raca

小鸡

Piščanec

母鸡

Kokoš

公鸡

Petelin

鼠

Podgana

猫

Mačka

老鼠

Miš

牛

Vol

狗

Pes

狗屋

Pasja uta

花园浇水软管

Cev za zalivanje

洒水壶

Kangla za zalivanje

长柄大镰刀

Kosa

犁

Plug

镰刀

Srp

锄头

Motika

长柄草耙

Vile

斧头

Sekira

独轮手推车

Samokolnica

饲料槽

Korito

牛奶罐

Kangla za mleko

麻布袋

Vreča

栅栏

Ograja

马厩

Hlev

温室

Rastlinjak

土壤

Prst

种子

Seme

肥料

Gnojilo

联合收割机

Kombajn

收割

Žeti

收割

Žetev

山药

Jam

小麦

Pšenica

大豆

Soja

土豆

Krompir

玉米

Koruza

油菜籽

Oljna ogrščica

果树

Sadno drevo

树薯

Maniok

谷物

Žito

烟囱
Dimnik

屋顶
Streha

落水管
Žleb

窗户
Okno

车库
Garaža

门铃
Zvonec

门
Vrata

垃圾桶
Koš za smeti

信箱
Poštni nabiralnik

花园
Vrt

客厅

Dnevna soba

浴室

Kopalnica

厨房

Kuhinja

卧室

Spalnica

儿童房

Otroška soba

餐厅

Jedilnica

地板
Tla

墙壁
Stena

吊顶
Strop

地窖
Klet

桑拿
Savna

阳台
Balkon

露台
Terasa

游泳池
Bazen

割草机
Kosilnica

被单
Rjuha

床罩
Posteljno pregrinjalo

床
Postelja

扫帚
Metla

水桶
Vedro

开关
Stikalo

壁纸
Tapeta

照片
Slika

台灯
Svetilka

搁架
Polica

橱柜
Omara

壁炉
Kamin

电视机
Televizor

花
Cvetlica

垫子
Blazina

沙发
Zofa

花瓶
Vaza

遥控器
Daljinski upravljalnik

地毯
....
Preproga

窗帘
....
Zavesa

餐桌
....
Miza

椅子
....
Stol

摇椅
....
Gugalnik

扶手椅
....
Naslanjač

书
Knjiga

毯子
Odeja

装饰品
Dekoracija

木柴
Drva

电影
Film

高保真音响
Glasbeni stolp

钥匙
Ključ

报纸
Časopis

油画
Slika

海报
Plakat

收音机
Radio

笔记本
Beležka

吸尘器
Sesalnik

仙人掌
Kaktus

蜡烛
Sveča

冰箱
Hladilnik

微波炉
Mikrovalovna pečica

厨房秤
Kuhinjska tehtnica

烤面包机
Opekač

洗洁精
Detergent

冰柜
Zamrzovalnik

烤箱
Pečica

垃圾桶
Koš za smeti

洗碗机
Pomivalni stroj

炊具

Kozica

锅

Lonec

铸铁锅

Litoželezni lonec

炒锅

Vok / kadai

平底锅

Ponev

水壶

Kotliček

蒸锅

Parni kuhalnik

烤盘

Pekač

陶瓷锅

Posoda

马克杯

Skodelica

碗

Skleda

筷子

Jedilne paličice

长柄勺

Zajemalka

铲子

Lopatica

搅拌器

Metlica

滤网

Cedilnik

筛子

Cedilo

磨碎机

Strgalo

研钵

Možnar

烧烤

Žar

明火

Ognjišče

菜板

Deska za rezanje

擀面杖

Valjar

开瓶器

Odpirač za steklenice

罐子

Pločevinka

开罐器

Odpirač za konzerve

隔热手套

Prijemalka za posodo

水槽

Korito

刷子

Ščetka

海绵

Goba

搅拌机

Mešalnik

冷藏箱

Zamrzovalna skrinja

奶瓶

Steklenička

水龙头

Pipa

供暖设备
Ogrevanje

毛巾
Brisača

淋浴
Prha

浴帘
Zavesa za prho

泡沫浴
Peneča kopel

浴缸
Kopalna kad

玻璃杯
Kozarec

洗衣机
Pralni stroj

瓷砖
Ploščice

水龙头
Pipa

便壶
Kahlica

水槽
Korito

厕所
Stranišče

蹲便器
Stranišče na počep

坐浴器
Bide

小便池
Pisoar

厕纸
Toaletni papir

马桶刷
Ščetka za straniščno školjko

牙刷
Zobna ščetka

牙膏
Zobna pasta

牙线
Zobna nitka

洗
Umiti se

手持式喷淋头
Ročna prha

冲洗器
Prha za intimne dele

洗脸盆
Umivalnik

擦背刷
Krtača za hrbet

肥皂
Milo

沐浴露
Gel za prhanje

洗发水
Šampon

法兰绒
Krpica za miljenje

排水
Odtok

乳霜
Krema

除臭剂
Deodorant

镜子

Ogledalo

手镜

Ročno ogledalo

剃须刀

Britvica

剃须泡沫

Pena za britje

须后水

Vodica po britju

梳子

Glavnik

刷子

Ščetka

吹风机

Sušilnik za lase

喷发定型剂

Lak za lase

化妆品

Ličila

唇膏

Šminka

指甲油

Lak za nohte

化妆棉

Vatirane blazinice

指甲剪

Škarjice za nohte

香水

Parfum

洗漱包

Toaletna torbica

凳子

Stol brez naslonjala

计重秤

Osebna tehtnica

浴袍

Kopalni plašč

橡胶手套

Gumijaste rokavice

卫生棉条

Tampon

卫生巾

Damski vložki

化学厕所

Kemično stranišče

儿童房

Otroška soba

闹钟
Budilka

毛绒玩具
Plišasta igrača

玩具车
Avtomobilček

拨浪鼓
Ropotuljica

玩具屋
Hiška za punčke

礼物
Darilo

气球
Balon

床
Postelja

（洋娃娃用）婴儿车
Otroški voziček

扑克牌
Igralne karte

拼图
Sestavljanka

漫画
Strip

乐高积木
Lego kocke

积木玩具
Igralne kocke

玩具人
Akcijska figura

婴儿服
Bodi

飞盘
Frizbi

床铃玩具
Vrtiljak za posteljico

棋盘游戏
Namizna igra

骰子
Kocka

火车模型
Komplet modelov vlakov

安抚奶嘴
Duda

聚会
Zabava

绘本
Slikanica

球
Žoga

洋娃娃
Lutka

玩
Igrati se

沙坑

Peskovnik

秋千

Gugalnica

玩具

Igrače

游戏机

Igralna konzola

三轮车

Tricikel

泰迪熊

Plišasti medvedek

衣柜

Garderoba

衣服

Oblačilo

袜子

Nogavice

长袜

Samostoječe nogavice

紧身裤

Hlačne nogavice

围巾
Šal

雨伞
Dežnik

T恤
Majica s kratkimi rokavi

皮带
Pas

靴子
Škornji

拖鞋
Copati

运动鞋
Športni copati

凉鞋
Sandali

鞋
Čevlji

雨靴
Gumijasti škornji

内裤
Spodnje hlače

胸罩
Modrček

背心
Telovnik

衣服 - Oblačilo

45

身体

Bodi

裤子

Hlače

牛仔裤

Kavbojke

短裙

Krilo

女式衬衫

Bluza

衬衫

Srajca

套头衫

Pulover

卫衣

Pletena jopica

西装夹克

Jopa

夹克

Jakna

外套

Plašč

雨衣

Dežni plašč

套装

Kostim

连衣裙

Obleka

婚纱

Poročna obleka

西装
Obleka

睡袍
Spalna srajca

睡衣
Pižama

莎丽
Sari

头巾
Naglavna ruta

包头巾
Turban

波卡
Burka

卡夫坦
Kaftan

(阿拉伯式)长袍长袍
Abaja

泳衣
Kopalke

男式泳裤
Kopalne hlače

短裤
Kratke hlače

运动服
Trenirka

围裙
Predpasnik

手套
Rokavice

纽扣

Gumb

眼镜

Očala

手链

Zapestnica

项链

Verižica

戒指

Prstan

耳环

Uhan

便帽

Kapa

衣架

Obešalnik

帽子

Klobuk

领带

Kravata

拉链

Zadrga

头盔

Čelada

背带

Naramnice

校服

Šolska uniforma

制服

Uniforma

围兜
Slinček

安抚奶嘴
Duda

尿不湿
Plenica

服务器
Strežnik

文件柜
Kartotečna omara

打印机
Tiskalnik

纸
Papir

显示屏
Monitor

办公桌
Pisalna miza

鼠标
Miška

文件夹
Mapa

键盘
Tipkovnica

废纸筐
Koš za smeti

电脑
Računalnik

椅子
Stol

咖啡杯
Lonček za kavo

计算器
Kalkulator

因特网
Internet

笔记本电脑

Prenosnik

信件

Pismo

消息

Sporočilo

手机

Mobilnik

网络

Omrežje

复印机

Kopirni stroj

软件

Programska oprema

电话

Telefon

插座

Vtičnica

传真机

Telefaks

表格

Obrazec

文件

Dokument

Gospodarstvo

买
Kupiti

付钱
Plačati

交易
Trgovati

现金
Denar

美元
Dolar

欧元
Evro

日元
Jen

卢布
Rubelj

瑞士法郎
Švičarski frank

人民币
Kitajski juan renminbi

卢比
Rupija

提款处
Bankomat

外币兑换处
Menjalnica

金
Zlato

银
Srebro

石油
Nafta

能源
Energija

价格
Cena

合同
Pogodba

税金
Davek

股票
Delnice

工作
Delati

职员
Delojemalec

老板
Delodajalec

工厂
Tovarna

商店
Trgovina

警官
Policist

消防员
Gasilec

厨师
Kuhar

医生
Zdravnik

飞行员
Pilot

园丁

Vrtnar

木匠

Mizar

裁缝

Šivilja

法官

Sodnik

化学家

Kemik

演员

Igralec

公交车司机

Voznik avtobusa

出租车司机

Taksist

渔夫

Ribič

清洁女工

Čistilka

屋顶工

Krovec

服务员

Natakar

猎人

Lovec

画家

Pleskar

面包师

Pek

电工

Električar

建筑工人

Gradbenik

工程师

Inženir

屠夫

Mesar

水管工

Vodovodni inštalater

邮递员

Poštar

士兵

Vojak

建筑师

Arhitekt

收银员

Blagajnik

花农

Cvetličar

理发师

Frizer

售票员

Sprevodnik

机械师

Mehanik

船长

Kapitan

牙医

Zobozdravnik

科学家

Znanstvenik

拉比

Rabin

伊玛目

Imam

和尚

Menih

牧师

Duhovnik

铁锤
Kladivo

钳子
Klešče

螺丝刀
Izvijač

扳手
Vijačni ključ

手电筒
Žepna svetilka

挖掘机

Bager

工具箱

Zaboj z orodjem

梯子

Lestev

锯子

Žaga

钉子

Žeblji

钻机

Vrtalnik

修
....
Popraviti

铲子
....
Lopata

靠！
....
Šment!

簸箕
....
Smetišnica

油漆桶
....
Posoda z barvo

螺丝
....
Vijaki

乐器

Glasbeni instrument

打击乐器
Tolkala

扬声器
Zvočnik

吉他
Kitara

低音提琴
Kontrabas

小号
Trobenta

钢琴

Klavir

小提琴

Violina

贝斯

Bas kitara

定音鼓

Pavke

鼓

Bobni

电子琴

Sintetizator

萨克斯管

Saksofon

长笛

Flavta

麦克风

Mikrofon

入口
Vhod

老虎
Tiger

笼子
Kletka

斑马
Zebra

动物饲料
Krma za živali

熊猫
Panda

动物

Živali

大象

Slon

袋鼠

Kenguru

犀牛

Nosorog

大猩猩

Gorila

熊

Medved

骆驼

Kamela

鸵鸟

Noj

狮子

Lev

猴子

Opica

火烈鸟

Plamenec

鹦鹉

Papagaj

北极熊

Severni medved

企鹅

Pingvin

鲨鱼

Morski pes

孔雀

Pav

蛇

Kača

鳄鱼

Krokodil

动物园管理员

Oskrbnik v živalskem vrtu

海豹

Tjulenj

美洲豹

Jaguar

矮种马
Poni

豹
Leopard

河马
Povodni konj

长颈鹿
Žirafa

老鹰
Orel

野猪
Divji prašič

鱼
Riba

龟
Želva

海象
Mrož

狐狸
Lisica

羚羊
Gazela

橄榄球
Ameriški nogomet

骑自行车
Kolesarjenje

网球
Tenis

篮球
Košarka

游泳
Plavanje

拳击
Boks

冰球
Hokej

英式足球

Nogomet

羽毛球

Badminton

田径

Atletika

手球

Rokomet

滑雪

Smučanje

马球

Polo

跳
Skočiti

拥抱
Objeti

笑
Smejati se

走路
Hoditi

唱
Peti

做梦
Sanjati

祈祷
Moliti

亲吻
Poljubiti

书写
Pisati

画
Risati

展示
Pokazati

推
Potisniti

给
Dati

拿
Vzeti

有
Imeti

做
Narediti

当
Biti

站
Stati

跑
Teči

拉
Vleči

扔
Vreči

摔倒
Pasti

躺
Ležati

等待
Čakati

携带
Nositi

坐
Sedeti

穿衣
Obleči se

睡觉
Spati

醒来
Zbuditi se

看

Gledati

哭

Jokati

抚摸

Božati

梳头

Česati se

交谈

Govoriti

明白

Razumeti

问

Vprašati

听

Poslušati

喝

Piti

吃

Jesti

清理

Pospraviti

爱

Ljubiti

做饭

Kuhati

开车

Voziti

飞

Leteti

航行

Jadrati

计算

Računanje

读

Brati

学习

Učiti se

工作

Delati

结婚

Poročiti se

缝

Šivati

刷牙

Ščetkati si zobe

杀

Ubiti

抽烟

Kaditi

寄

Poslati

祖母
Stara mati

祖父
Stari oče

父亲
Oče

母亲
Mati

婴童
Dojenček

女儿
Hči

儿子
Sin

客人
Gost

阿姨
Teta

叔叔
Stric

兄弟
Brat

姐妹
Sestra

前额
Čelo

眼睛
Oko

脸
Obraz

下巴
Brada

乳房
Prsi

肩膀
Rama

手指
Prst

手
Dlan

手臂
Roka

腿
Noga

婴童
Dojenček

男人
Človek

女人
Ženska

女孩
Dekle

男孩
Fant

头
Glava

背部
Hrbet

肚子
Trebuh

肚脐
Popek

脚趾
Prst na nogi

脚后跟
Peta

骨头
Kost

臀部
Kolk

膝盖
Koleno

手肘
Komolec

鼻子
Nos

屁股
Zadnjica

皮肤
Koža

脸颊
Lice

耳朵
Uho

嘴唇
Ustnica

身体 - Telo

嘴

Usta

牙齿

Zob

舌头

Jezik

脑

Možgani

心脏

Srce

肌肉

Mišica

肺

Pljuča

肝脏

Jetra

胃

Želodec

肾脏

Ledvice

性交

Spolni odnos

避孕套

Kondom

卵子

Jajčece

精子

Semenska tekočina

怀孕

Nosečnost

月经

Menstruacija

阴道

Vagina

阴茎

Penis

眉毛

Obrv

头发

Lasje

脖子

Vrat

身体 - Telo

医院
Bolnišnica

救护车
Reševalno vozilo

轮椅
Invalidski voziček

骨折
Zlom

医生
Zdravnik

急诊室
Urgenca

护士
Medicinska sestra

紧急情况
Nujni primer

昏迷
Nezavesten

痛
Bolečina

受伤
Poškodba

出血
Krvavenje

心脏病发作
Srčni infarkt

中风
Kap

过敏
Alergija

咳嗽
Kašelj

发烧
Vročina

流感
Gripa

腹泻
Driska

头痛
Glavobol

癌症
Rak

糖尿病
Sladkorna bolezen

外科医生
Kirurg

手术刀
Skalpel

手术
Operacija

CT

CT

X光

Rentgen

超声波

Ultrazvok

口罩

Obrazna maska

疾病

Bolezen

候诊室

Čakalnica

拐杖

Bergla

石膏

Obliž

绷带

Preveza

注射

Injekcija

听诊器

Stetoskop

担架

Nosila

体温计

Klinični termometer

出生

Porod

超重

Prekomerna teža

助听器

Slušni pripomoček

消毒液

Razkužilo

感染

Okužba

病毒

Virus

艾滋病

HIV / AIDS

药物

Medicina

接种疫苗

Cepljenje

药片

Tablete

药丸

Tableta

急救电话

Klic v sili

血压计

Merilnik krvnega tlaka

生病/健康

bolano / zdravo

救命！

Na pomoč!

警报

Alarm

突击

Napad

攻击

Napad

危险

Nevarnost

紧急出口

Izhod v sili

着火啦！

Gori!

灭火器

Gasilni aparat

意外

Nezgoda

急救箱

Komplet za prvo pomoč

呼救信号

SOS

警察

Policija

欧洲

Evropa

北美洲

Severna Amerika

南美洲

Južna Amerika

非洲

Afrika

亚洲

Azija

澳洲

Avstralija

大西洋

Atlantski ocean

太平洋

Tihi ocean

印度洋

Indijski ocean

南冰洋

Južni ocean

北冰洋

Arktični ocean

北极

Severni tečaj

南极
Južni tečaj

南极洲
Antarktika

地球
Zemlja

陆地
Kopno

海
Morje

岛
Otok

国家
Narod

国家
Država

钟面

Številčnica

时针

Urni kazalec

分针

Minutni kazalec

秒针

Sekundni kazalec

现在几点？

Koliko je ura?

天

Dan

时间

Čas

现在

Zdaj

电子表

Digitalna ura

分

Minuta

时

Ura

周

Teden

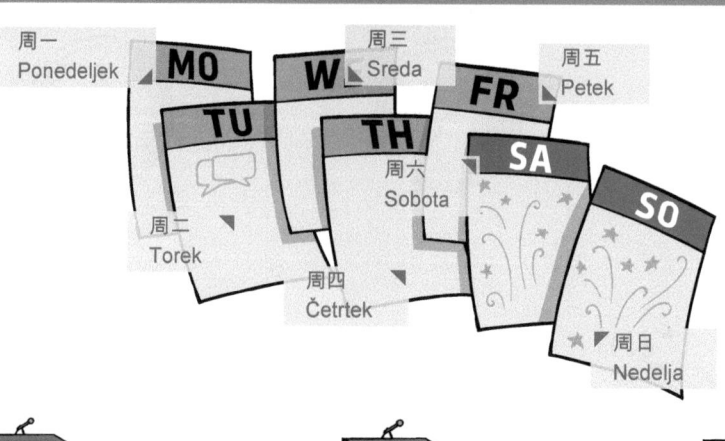

周一 Ponedeljek
周三 Sreda
周五 Petek
周二 Torek
周六 Sobota
周四 Četrtek
周日 Nedelja

昨天

Včeraj

今天

Danes

明天

Jutri

早晨

Jutro

中午

Poldne

晚上

Večer

工作日

Delovni dnevi

周末

Konec tedna

雨
▶ Dež

彩虹
▶ Mavrica

风
▶ Veter

雪
▶ Sneg

春
Pomlad

夏
Poletje

秋
Jesen

冬
Zima

天气预报

Vremenska napoved

温度计

Termometer

阳光

Sončna svetloba

云

Oblak

雾

Megla

潮湿

Vlažnost

闪电

Strela

打雷

Grom

风暴

Nevihta

冰雹

Toča

季风

Monsun

洪水

Poplava

冰

Led

一月

Januar

二月

Februar

三月

Marec

四月

April

五月

Maj

六月

Junij

七月

Julij

八月

Avgust

九月

September

十月

Oktober

十一月

November

十二月

December

形状

Oblike

圆形

Krogla

正方形

Kvadrat

长方形

Pravokotnik

三角形

Trikotnik

球体

Krogla

立方体

Kocka

颜色

Barve

白
Bela

黄
Rumena

橙
Oranžna

粉
Rožnata

红
Rdeča

紫
Vijolična

蓝
Modra

绿
Zelena

棕
Rjava

灰
Siva

黑
Črna

很多/少许

veliko / malo

生气/平静

jezno / umirjeno

美/丑

lepo / grdo

首/尾

začetek / konec

大/小

veliko / majhno

明/暗

svetlo / temno

兄弟/姐妹

brat / sestra

干净/肮脏

čisto / umazano

完整/缺失

popolno / nepopolno

白天/晚上

dan / noč

死/生

mrtvo / živo

宽/窄

široko / ozko

可食用/非食用

užitno / neužitno

邪恶/善良

zlobno / prijazno

兴奋/无聊

vznemirjeno / zdolgočaseno

胖/瘦

debelo / vitko

第一/最后

prvo / zadnje

朋友/敌人

prijatelj / sovražnik

满/空

polno / prazno

硬/软

trdo / mehko

重/轻

težko / lahko

饿/渴

lakota / žeja

生病/健康

bolano / zdravo

非法/合法

nezakonito / zakonito

聪明/愚笨

pametno / neumno

左/右

levo / desno

近/远

blizu / daleč

新/旧

novo / rabljeno

没有/有些

nič / nekaj

老/幼

staro / mlado

开/关

vklopljeno / izklopljeno

打开/合上

odprto / zaprto

安静/吵闹

tiho / glasno

富/穷

bogato / revno

对/错

prav / narobe

粗糙/光滑

grobo / gladko

伤心/高兴

žalostno / veselo

短/长

kratko / dolgo

慢/快

počasi / hitro

湿/干

mokro / suho

温暖/凉爽

toplo / hladno

战争/和平

vojna / mir

0	**1**	**2**
零	一	二
Ničla	Ena	Dva

3	**4**	**5**
三	四	五
Tri	Štiri	Pet

6	**7**	**8**
六	七	八
Šest	Sedem	Osem

9	**10**	**11**
九	十	十一
Devet	Deset	Enajst

12
十二
Dvanajst

13
十三
Trinajst

14
十四
Štirinajst

15
十五
Petnajst

16
十六
Šestnajst

17
十七
Sedemnajst

18
十八
Osemnajst

19
十九
Devetnajst

20
二十
Dvajset

100
百
Sto

1.000
千
Tisoč

1.000.000
百万
Milijon

英语

Angleščina

美式英语

Ameriška angleščina

普通话

Mandarinščina

印地语

Hindujščina

西班牙语

Španščina

法语

Francoščina

阿拉伯语

Arabščina

俄语

Ruščina

葡萄牙语

Portugalščina

孟加拉语

Bengalščina

德语

Nemščina

日语

Japonščina

我

Jaz

你

Ti

他/她/它

On / ona / tisto

我们

Mi

你们

Vi

他们

Oni

谁？

Kdo?

什么？

Kaj?

怎样？

Kako?

哪里？

Kje?

什么时候？

Kdaj?

名字

Ime

后面

Zadaj

里面

V

前面

Pred

上方

Nad

上面

Na

下面

Pod

旁边

Poleg

中间

Med

地点

Kraj